AF586590

LES FESTES GRECQUES ET ROMAINES,

BALLET HÉROÏQUE,

REPRÉSENTÉ

POUR LA PREMIERE FOIS,

PAR L'ACADÉMIE ROYALE

DE MUSIQUE,

Le treiziéme Juillet 1723.

Remis au Théâtre en 1733 & 1741.

Repris le Mardi 5 Juin 1753.

PRIX XXX SOLS.

AUX DÉPENS DE L'ACADÉMIE.

A PARIS, Chez la V. DELORMEL & FILS, Imprimeur de ladite Académie, rue du Foin, à l'Image Ste. Geneviéve.

On trouvera des Livres de Paroles à la Salle de l'Opéra.

M. DCC. LIII.

AVEC APPROBATION ET PRIVILEGE DU ROY.

Les Paroles de feu M. FUZELIER.

La Musique de M. DE BLAMONT, Sur-Intendant de la Musique du ROI, Chevalier de l'Ordre de Saint Michel.

PRÉFACE.

LES Fêtes Grecques & Romaines forment un Ballet d'une espece toute nouvelle. La Muse Lyrique n'avoit jusqu'à présent tiré ses Poëmes que de la Chronique des Amadis, de l'Arioste, des Métamorphoses d'Ovide, du Tasse & d'autres semblables Auteurs. La France n'a encore soûmis que la Fable à la Musique: l'Italie plus hasardeuse a placé dans ses Opera *les évenemens de l'Histoire. Les* SCARLATTI *& les* BUONONCINNI *ont fait chanter des Héros que* CORNEILLE *&* RACINE *auroient fait parler. Enhardi par ces exemples, on s'est dispensé de glaner dans les Champs trop souvent moissonnés de la Mythologie & du Romain: Heureux si on est approuvé en ouvrant aux Poëtes du Théâtre chantant, une carriere digne d'occuper les Génies amateurs du vrai-semblable.*

On a rassemblé dans ce Ballet les Fêtes de l'Antiquité les plus connuës, & qui ont semblé les plus favorables au Théâtre & à la Musique. On les confond toutes sous le nom des Fêtes Grecques & Romaines; *parce qu'effectivement Rome adopta tous les Dieux d'Athènes. On a pris soin d'assortir à ces Fêtes célebres, des Aventures & des Noms illustres.* LES JEUX OLYMPIQUES *étoient si fameux dès leur origine, qu'ils ont fourni à la Chronologie une de ses Epoques les plus considerables.*

La Course des Chars, étoit le plus noble des Exercices qu'on y couronnoit : Les Rois les plus avides de gloire sont entrés dans cette Lice ; les Princesses mêmes y ont triomphé. CINISQUE, *Fille du Roi* ARCHIDAMUS, *obtint le Prix aux Jeux de la XXV*[me]. *Olympiade. La XCI*[me]. *fut marquée par la gloire d'*ALCIBIADE, *qui remporta cette Couronne d'Olivier, plus précieuse aux regards d'un Grec généreux, que les Couronnes enrichies de Diamans : On n'a pas travesti* ALCIBIADE *en Héros de* L'ASTRÉE ; *il est si connu par ses amours volages, qu'on n'auroit pû en faire un Amant fidele, sans démentir grossierement les plus graves Historiens. On ne les suit pas dans l'ordre de ses galanteries : Ces sortes de Faits peuvent s'arranger sur le Théâtre, au gré des Auteurs qui les y introduisent.*

Cette Peinture exacte de la légereté D'ALCIBIADE *ne déplaira peut-être pas aux Inconstans de notre siecle ; ils ne seront pas fâchés de trouver leur Modele, dans la respectable Antiquité.*

On espere que LES BACCHANALES *paroîtront liées à l'intrigue qui leur convenoit le mieux.* CLEOPATRE *ordonne avec justesse une Fête originaire d'Egypte. On sçait que* MARC-ANTOINE *allant à sa premiere Expédition de la guerre* des Parthes, *s'arrêta dans* LA CILICIE, *& qu'il y fit appeller cette aimable Reine, accusée d'avoir soûtenu le Parti de* BRUTUS *& de* CASSIUS, *avec ordre de venir se justifier : Mais, s'il la manda comme Juge, il la reçût comme Amant. L'artificieuse* CLEOPATRE *suivie par des jeunes & charmantes*

Egyptiennes, représentant les Graces, & par des Enfans caracterisez en Amours, apporta des Dons magnifiques à ANTOINE. *On a mêlé dans le Divertissement de cette Entrée des* BACCHANTES *& des* EGYPANS *à ces Graces & à ces Amours ; falsification historique fondée sur l'Histoire même. Si ce mêlange altere un fait il remplit un Caractere.*

CLEOPATRE *étoit une adroite Politique. Ne rend-t'on pas son Portrait plus reconnoissable en la faisant arriver dans le Camp des Romains, occupée à célébrer un Dieu, cher à leur Général ? Pouvoit-elle se présenter devant* ANTOINE *dans un instant plus favorable ? Elle connoissoit l'entêtement de ce Romain, qui se piquoit de ressembler à* BACCHUS, *& qui fit dans* Ephese *une Entrée superbe, où il se montra couvert des habillemens, & paré des Attributs du Vainqueur de l'Inde. Ce ne fut pas la seule Ville qui le considera dans cet Equipage ; cependant cet insigne Voluptueux avoit commencé sa carriere en Héros ; c'est le tems qui a été saisi pour le peindre sur la Scene d'exposition. Sa défaite par l'Amour fut rapide, &* PLUTARQUE *en est garant.*

*Quant à l'*ENTRÉE DES SATURNALES, *on n'y a pas répandu le Comique autorisé par la liberté de la Fête. Des Critiques respectables, pretendent que les situations plaisantes sont déplacées sur le Théâtre Lyrique. Quoique l'experience n'ait pas toujours appuyé cette opinion, comme elle soutient le parti le plus noble, on a crû devoir la suivre dans un Poëme consacré à l'Histoire. On a donné une Parente à* MECENE, *& on a donné à cette Parente un nom, célébré par* TIBULE. *La prévention du Favori d'*AUGUSTE, *pour les talens de l'esprit, n'a pas* besoin d'être prouvée ; elle fonde le dénouement. De plus, TIBULE avoit de la naissance, ses Ancêtres ne le rendoient pas indigne de l'alliance d'un Romain, issu des Rois d'ETRURIE. Les Auteurs varient pour la durée de la Fête des SATURNALES ; les uns la font de trois jours, d'autres la poussent jusqu'à sept : Ce dernier terme convient au dessein de TIBULE, & lui permet de jouir de son travestissement. Il est inutile de détailler ici les Loix des SATURNALES, elles sont connuës de tous ceux qui connoissent LUCIEN. Ses Dialogues nous apprennent que tout se pardonnoit pendant cette Fête indulgente, & que les Esclaves pouvoient risquer impunément bien des familiarités, punissables dans une autre saison. Au reste, on a tellement dévoué ce Ballet à l'Histoire, qu'on a emprunté d'elle jusqu'aux Décorations. PLUTARQUE a fourni la Barque superbe de LA REINE d'EGYPTE, son Pavillon brodé d'or, les Rames d'argent, & jusqu'au Concert de Flûtes qui accompagnent cette Princesse lorsqu'elle descend sur les Rivages du FLEUVE CIDNUS. L'Illumination des SATURNALES se trouve dans les Fastes de Rome : On s'envoyoit à cette Fête de la Bougie ; coûtume empruntée des PELASGIENS. On a négligé dans ce Ballet le merveilleux des Enchantemens, & des Descentes des Divinités. On s'est écarté d'une route frayée depuis long-tems, & quelquefois mal-suivie : On n'apprendra que trop-tôt, si on s'est égaré.

ACTEURS CHANTANS
Dans les Chœurs.

CÔTE' DU ROI.		CÔTE' DE LA REINE.	
Mesdemoiselles.	*Messieurs.*	*Mesdemoiselles.*	*Messieurs.*
Dun.	Lefebvre.	Rollet.	S. Martin.
Larcher.	Le Page, C.	Daliere.	Gratin.
Cazeau.	Marotte.	Masson.	Le Mesle.
LeTourneur	Levesque.	Gondré.	Albert.
La Croix.	Le Roy.	Héry.	Le Vasseur.
Sallaville.	Selle.	Duval. 1re.	Chapotin.
Duval. 2e.	Roze.	Adelaïde.	Favier.
Gaultier.	Robin.	Lachanterie	Feret.
DeS.Hilaire	Antheaume.	Dauger.	Du Perrier.
		Beyssac.	Lombard.
			Laurent.

ACTEURS
DU PROLOGUE.

APOLLON,	Mr. Gelin.
ERATO, *Muse de la Musique*,	Mlle Jaquet.
CLIO, *Muse de l'Histoire*,	Mlle. Dubois.
TERPSICORE, *Muse de la Danse*.	
Un Suivant D'APOLLON.	Mr. Poirier.

Eléves D'ERATO *&* *de* TERPSICORE.

La Scene est dans la Place du Temple de Mémoire.

PERSONNAGES DANSANS.

TERPSICORE.

Mlle. PUVIGNE'E.

CHEF DE LA DANSE.

Mr. VESTRIS.

SUITE DE TERPSICORE.

Mr. LAVAL. Mlle. LABATTE.

Mr. TESSIER.

Mrs. Desplaces c., Vestris c., Lepy, Gallini, Mergerie.

Mlles. Couppé, Sauvage, Maupin, Resme, Morel.

PROLOGUE.

PROLOGUE.

*Le Théâtre représente le Temple de Mémoire, orné de Statuës de Grands-Hommes, & d'Inscriptions à leur loüange : On y arrive par une grande & magnifique Place décorée dans le même goût : Les Eleves d'*ERATO *s'y trouvent rassemblés par l'ordre d'*APOLLON, *pour seconder les desseins de la* MUSE DE L'HISTOIRE.

SCENE PREMIERE.

CLIO, ERATO, *& ses Eleves.*

*CLIO, aux Eleves d'*ERATO.

O Vous, qui consacrez votre aimable génie
A la Muse de l'Harmonie,
Répondez à mes vœux, secondez ses efforts;
Apollon vous rassemble au Temple de Mémoire.

Pour les Héros ſignalez dans l'Hiſtoire,
Je vous demande des accords.
Des Guerriers fabuleux c'eſt trop chanter la gloire;
Hâtez-vous d'éprouver de plus nobles tranſports.

ERATO, à CLIO.

Quoi! Muſe équitable & ſincere,
Qui défendez de l'injure des tems,
Les ſolides Vertus, les Exploits éclatans;
La Vérité qui vous éclaire,
Voudra-t-elle ſouffrir nos Jeux?
Je crains ſon flambeau rigoureux.

CLIO.

La Vérité n'eſt pas toûjours ſi redoutable;
L'Hiſtoire auſſi-bien que la Fable,
Peut fournir à nos chants des Héros amoureux.
Il n'eſt pas un Vainqueur qui ne ſoit Tributaire
Du doux Empire de Cythere.

ENSEMBLE.

Les plus infléxibles Guerriers
Ont reſſenti les tendres peines:
Amour, ſous leurs Lauriers,
On apperçoit tes chaînes.

ERATO, à sa Suite.

Soûtenez un choix glorieux.
Vous que chérit la Seine, & que le Tybre admire :
Vous enchantez par votre Lyre,
Et les Palais des Rois & les Temples des Dieux.

En célébrant l'Amour, vous lui donnez des armes ;
Il triomphe quand vous brillez.

Les Rossignols aux Printems rassemblez
Ne chantent pas plus tendrement ses charmes ;
En célébrant l'Amour, vous lui donnez des armes ;
Il triomphe quand vous brillez.

CHŒUR.

Regnez dans nos Fêtes nouvelles
Regnez Amours, charmants Vainqueurs,
Venez-y verser les douceurs.
Qui font le prix des cœurs fidelles.

SCENE II.

CLIO, APOLLON, ERATO.

CLIO.

APollon vient ici, quel honneur pour nos Jeux!
Rien ne manque plus à nos vœux.

APOLLON.

Pour les favoriser, je quitte le Permesse,
Instruit de vos projets, j'en veux être témoin;
Je préside à vos Jeux, leur gloire m'intéresse,
Et c'est à moi d'en prendre soin;
Vous allez exposer sur la Lyrique Scene
Des Héros l'ornement & de Rome & d'Athene.
Non, ce n'est pas assez de vos charmants Concerts,
Une Muse vous manque encore
Croyez-vous réunir les suffrages divers
Sans le secours de Terpsicore ?
C'est envain qu'aujourd'hui des chants mélodieux
Sur la Scene, appellent les Graces:
Si la Danse n'amuse & ne charme les yeux,
L'Ennui suit les Plaisirs & vole sur leurs traces.

ERATO.

Cessez de nous vanter Terpsicore & ses pas,
Nous connoissons tous ses appas.

Un Prélude annonce TERPSICORE.

APOLLON.

Je-l'entens, profitez Muſe de ſa préſence.

ERATO.

Je remplirai votre eſpérance.

TERPSICORE paroît à la tête de ſes Eleves différemment caracteriſez.

APOLLON.

Terpſicore, venez prêtez-leur vos attraits.

ERATO, CLIO, ET APOLLON.

Charmante Muſe de la Danſe,
Les Jeux que vous ornez triomphent à jamais.

On danſe.

UN SUIVANT D'APOLLON.

Jeunes Beautez, pour être plus aimables,
Danſez,
Chantez
Tous le cœurs ſeront domptez.
Le chant, la Danſe à vos vœux favorables,
De leurs appas ſçauront vous orner tour à tour;
Plus vous uniſſez de talents agréables,
Plus vous livrez de traits au tendre Amour.

APOLLON. On danſe.

Retracez aujourd'hui les plus aimables Fêtes,
Qui des Vainqueurs du monde amuſoient les déſirs:
La Grandeur ordonnoit leurs jeux & leur conquêtes;
L'Univers admiroit leur gloire & leurs plaiſirs.

CHŒUR.

A des emplois nouveaux, Apollon nous appelle;
Ranimons nos pas & nos voix;
Et marquons notre zele
Au Dieu qui nous donne des loix.

ERATO & APOLLON *célébrent les loüanges de* TERPSICORE *dans une Cantate: & la Muſe de la Danſe en exprime les Symphonies & les Chants, par la varieté de ſes pas & de ſes attitudes.*

Quelle danſe vive & legere!
Les Jeux, les Ris vous ſuivent tous:
Muſe brillante, auprès de vous
On voit plus d'Amours qu'à Cythere.

Vous peignez à nos yeux les tranſports des Amants.
Les tendres ſoins, la flateuſe eſpérance,
Le Déſeſpoir jaloux, la cruelle Vengeance;
Tous vos pas ſont des ſentimens.

Quelle danſe vive & legere!
Les Jeux, les Ris vous ſuivent tous:
Muſe brillante, auprès de vous
On voit plus d'Amours qu'à Cythere.

CHŒUR.

Muſe brillante, auprès de vous
On voit plus d'Amours qu'à Cythere.

FIN DU PROLOGUE.

LES
BACCHANALES,
PREMIERE ENTRÉE
DES FESTES
GRECQUES
ET
ROMAINES.

ACTEURS
CHANTANTS.

ANTOINE,	Mr. De Chassé.
ÉROS,	Mr. De Latour.
CLÉOPATRE,	Mlle. Chevalier.
UNE EGYPTIENNE,	Mlle. Gaultier.
UN EGYPAN,	Mr. Gelin.

PERSONNAGES DANSANS.
EGYPANS & BACCHANTES.

Mr. Lany.

Mr. Hyacinte, Mlle Lyonnois.

Mrs. Beat, Caillez, Lelievre, Gobert,

Mlles. St. Germain, Ponchon, Raymond, Garnier.

LES

PREMIERE ENTRÉE.

LES BACCHANALES.

Le Théâtre repréſente le Camp des Romains ſur les bords du Fleuve CYDNUS, *dans la* CILICIE.

SCENE PREMIERE.

ANTOINE, ÉROS *ſon Affranchi.*

ÉROS.

SEigneur, vous méditiez une illuſtre conquête,
Et vous alliez punir les Parthes inconſtans,
Sur les bords du Cydnus ; quel projet vous arrête ?

ANTOINE.

C'eſt Cléopatre que j'attens.
Mon ordre appelle ici cette Reine infidelle ;
Elle a ſervi Brutus, & ſa haîne rebelle,
Les Romains en ſont mécontens.

ÉROS.

Verrez-vous ſans péril, cette Reine charmante ?

ANTOINE.

Non, ne crains pas que j'augmente
Ses triomphes éclatants.

Mon cœur eſt conduit par la Gloire,
L'Amour pourroit-il l'égarer ?

Sur les traces de la Victoire,
Quels appas puis-je rencontrer
Qui l'effacent de ma mémoire ?

Mon cœur eſt conduit par la Gloire,
L'Amour pourroit-il l'égarer ?

ÉROS.

Le Vainqueur de Pompée a brûlé pour les charmes
Qui vont briller à vos regards :
Où votre cœur trouvera-t'il des armes,
Pour oppoſer aux traits qui domptent les Ceſars ?

ANTOINE.

Les traits que l'Amour lance
Ne ſont pas tous victorieux :
Et contre ſa puiſſance,
Le Héros le plus glorieux
N'eſt pas toujours celui qui ſe défend le mieux.

Je te le dis encore,
Ne crains pas ma défaite, & des traits impuissans,
Ce n'est pas à l'Amour que j'offre mon encens;
C'est un Dieu conquerant, c'est Bacchus que j'adore.

ÉROS.

Rival de sa valeur, charmé de ses exploits,
Vous l'avez imité cent fois.

ANTOINE.

Les Romains ne sont nés que pour dompter la Terre,
Et l'Amour n'est pas fait pour être leur vainqueur:
Lorsque dans cent climats on veut porter la guerre;
Il faut savoir triompher de son cœur.

ENSEMBLE.

Un Laurier que la Gloire donne,
Vaut tous les Mirthes des Amants.
Quels heureux jours, quels doux moments,
Quand la Victoire nous couronne!

SCENE II.

ANTOINE, ÉROS, CLÉOPATRE, EGIPTIENNES, *ſous la forme de Graces & de Bacchantes.*

EGIPTIENS, *ſous la forme d'Amours & d'Egypans.*

On voit paroître de loin ſur le Fleuve CYDNUS, *une Barque ſuperbe : La Reine d'Egypte, magnifiquement habillée, ſous un Pavillon de pourpre tiſſu d'or, de petits Egyptiens, déguiſez en Amours, ſont à ſes pieds : D'autres Barques chargées d'Egyptiens en Egypans, & d'Egyptiennes en Graces & en Bacchantes, accompagnent celle de* CLÉOPATRE, *& s'approchent lentement du Rivage.*

ANTOINE.

MAis, du Fils de Séméle, & du Dieu de Cythere,
Les aimables Sujets s'aſſemblent à mes yeux !
Bacchus, eſt-ce Ariane ? Amour, eſt-ce ta Mere,
Qui les réunit dans ces lieux ?

CHŒUR.

Lorſqu'elle veut charmer le Monde,
C'eſt ainſi que Venus ſe promene ſur l'Onde.

Les Egypans & les Bacchantes font leur Débarquement, au son des haut-bois qui les précedent. CLÉOPATRE *les suit, & deux Romains la conduisent près d'*ANTOINE.

CLÉOPATRE.

Vous voyez Cléopatre odieuse aux Romains,
Et peut-être, hélas ! à vous-même :
J'obéis en tremblant, à votre ordre suprême ;
Et je viens déposer mon Sceptre dans vos mains.

ANTOINE.

à part.

Que devient ma fierté ? Tous ses efforts sont vains.

CLÉOPATRE.

Je sai que de Bacchus vous chérissez la gloire ;
L'Egypte, la premiere, honora sa mémoire ;
J'ai crû que sur ces bords vous souffririez nos Jeux.
Vous qui nous rappellez ce Vainqueur généreux,
Qui d'une Amante déplorable
Adoucit dans Naxos le destin rigoureux !
Me serez-vous inéxorable ?
La Fille de Minos possédoit mille appas,
Il est vrai, la beauté se rend tout favorable,
Rarement un Héros ne la protége pas ?
Mais pourquoi trouverois-je un cœur impitoyable ?
Ariane étoit plus aimable,
Je suis plus malheureuse, hélas !
Me serez-vous inéxorable ?

ANTOINE.

Si Bacchus avoit vû l'éclat de vos beaux yeux,
Lorſqu'Ariane en pleurs, ſur un triſte rivage,
Toucha par ſes regrets ce Dieu victorieux,
Elle eut long-tems pleuré la fuite d'un volage.

CLÉOPATRE.

Seigneur, je venois devant vous
Juſtifier mon innocence....

ANTOINE.

Votre premier regard en a pris la défenſe.

CLÉOPATRE.

Quel Dieu vient de fléchir pour moi votre couroux?

ANTOINE.

Reconnoiſſez l'Amour au pouvoir des ſes coups.

Lorſque loin de vos yeux, on me peignoit vos charmes,
La ſévere raiſon me promettoit des armes
Contre leurs plus aimables traits:
Mais, hélas! Quelle différence
D'entendre vanter leur puiſſance,
Ou de voir briller leurs attraits!

CLÉOPATRE.

Non, non je ne puis croire,
Qu'à triompher, l'Amour mette ſi peu d'inſtants:

Lorſqu'un Héros lui céde la victoire,
Il la diſpute plus long-tems.

ANTOINE.

Du terrible Dieu de la Thrace,
L'Amour dans ſes exploits efface
La plus vive rapidité.
On donne bien des jours à la plus courte guerre;
Un ſeul inſtant ſuffit à la Beauté,
Pour triompher des Vainqueurs de la terre.

CLÉOPATRE.

Ne vous obſtinez pas à troubler mon repos;
Rome défend à ſes Héros
D'oſer ſoupirer pour des Reines...

ANTOINE.

Je lis dans vos beaux yeux des Loix plus ſouveraines.

CLÉOPATRE.

Quoi! Rome vainement condamneroit vos feux!
Pourriez-vous de Fulvie abandonner les chaînes?

ANTOINE.

Je ne connois plus que vos nœuds:
Conſentez que l'Amour à jamais nous uniſſe.

CLÉOPATRE.

Quand vous m'offrez un ſi grand Sacrifice,
Seigneur, en les comblant, vous allarmez mes vœux!

Puis-je compter sur la constance
Du feu qui vous brûle en ce jour?
Je n'ose écouter l'esperance,
Ah! Devrois-je écouter l'Amour?

ANTOINE.

Tout vous garentit la constance
Du feu qui me brûle en ce jour:
Ne retardez pas l'esperance;
Et qu'elle vole avec l'Amour.

Daignez enfin me faire entendre
Quels sort à mes soupirs vous voulez reserver?
Douterez-vous long-tems de l'amour le plus tendre?

CLÉOPATRE.

Douter de votre amour, n'est-ce pas l'approuver?

à sa Suite.

Dans ces lieux, témoins de ma gloire,
Revenez, achevez les Jeux interrompus;
Mon cœur célébre ma victoire:
Que vos chants célébrent Bacchus.

SCENE

SCENE III.

CLÉOPATRE, ANTOINE, EROS
EGYPTIENS, sous la forme D'AMOURS
& D'EGYPANS.
EGYPTIENNES, sous la forme de GRACES
& de BACCHANTES; Troupes de SOLDATS
Romains.

ANTOINE & CLÉOPATRE.

Réunissez vos voix & vos hommages,
Mêlez vos vœux & vos concerts :
Que le nom de Bacchus, chanté sur ces Rivages,
S'éléve avec l'encens, & vole dans les airs,

CHŒUR.

Réunissons nos voix & nos hommages,
Mêlons nos vœux & nos concerts :
Que le nom de Bacchus, chanté sur ces Rivages,
S'éléve avec l'encens, & vole dans les airs.

Danse des EGYPANS & des BACCHANTES.

UN EGYPAN.

Livrons, sans allarmes,
Nos cœurs aux charmes

Que nous prodigue ce beau jour;
Quand ſur cette Rive,
Bacchus arrive
Préſenté par l'Amour;

Ces Vainqueurs uniſſent leurs coups,
Leur gloire eſt certaine,
Notre fuite eſt vaine:
Non, rien n'échappe à leur chaîne,
Cédons, cédons tous.
Rendons-nous.

Livrons ſans allarmes, *&c.*

Tendres Amants
Le Mirthe, plus que la Treille,
Vous donne-t'il d'heureux moments?
La raiſon ſommeille
Le plaiſir veille
Sous ſes Rameaux charmants:

Livrons ſans allarmes, *&c.*

ANTOINE & CLÉOPATRE.

Les Ris, les Graces
Suivent Bacchus dans ce ſéjour:
L'Amour, ſur leurs traces,
Vient lui-même embellir ſa Cour.

Ces Dieux s'uniſſent
Pour mieux répondre à nos deſirs;
Que ces Lieux retentiſſent
De leur gloire & de nos plaiſirs.

On danſe.

CLÉOPATRE.

Brillez, jouiſſez de la paix,
Plaiſirs; dans le ſein de la guerre,
Suſpendez l'effroi de la Terre;
Volez, ne nous quittez jamais.

Près de Bellone, même ici tout eſt tranquille;
Amour, ne vous allarmez pas;
Le Séjour du Dieu des combats
Pour le Fils de Venus, doit être un ſûr azile.

Brillez, jouiſſez de la paix,
Plaiſirs; dans le ſein de la guerre,
Suſpendez l'effroi de la Terre;
Volez, ne nous quittez jamais.

On danſe.

UNE EGYPTIENNE, alternativement avec LE CHŒUR.

Regnez, charmants Amours,
Vôlez ſous cet ombrage:
Regnez, charmants Amours,
Venez nous donner de beaux jours.

Qui vient ſur ce Rivage
Y trouve l'eſclavage;
Mais il eſt ſi doux,
Que l'on eſt jaloux
De ſentir ſes coups.

SECOND COUPLET.

Ah ! Que d'heureux inſtants
Promet ce jour tranquille !
Ah ! Que d'heureux inſtants
Fera naître ici le Printems !

Amants, ce bord fertile
Vous offre un ſûr azile;
Goûtez ſes douceurs;
La Saiſon des fleurs
Eſt celle des cœurs.

FIN DE LA PREMIERE ENTRÉE.

LES JEUX
OLYMPIQUES,
SECONDE ENTRÉE
DES FESTES
GRECQUES
ET
ROMAINES.

ACTEURS

CHANTANTS.

ALCIBIADE,	Mr. De Chaſſé.
TIMÉE,	Mlle. Jaquet.
ASPASIE,	Mlle. Dubois.
AMINTAS,	Mr. Poirier.
ZELIDE,	Mlle. Chefdeville.

PERSONNAGES DANSANS.

GRECS & GRECQUES.

Mlle. CARVILLE.

Mrs. Dupré, Feuillade, Gobert, Deſplaces c. Veſtris c.

Mlles. Deſirée, Chevrier, Couppé, Garnier, Reſme,

LUTEURS.

Mrs. VESTRIS, LYONNOIS.

COUREURS.

Mrs. Beat, Gallini, Lepy, Mergerie.

SECONDE ENTRÉE.

LES JEUX OLYMPIQUES.

Le Théâtre représente le Temple de Jupiter-Olympien: *Il est précédé d'une avenue d'Arbres, entremêlés de Statuës Equestres des Vainqueurs des Jeux; & de Groupes, exprimants les Travaux* d'Hercule, *Instituteur des* Jeux Olympiques.

SCENE PREMIERE.

TIMÉE.

Dois-tu, cruel Amour, te servir d'un volage
Pour te soûmettre un tendre cœur?
Mes yeux ne regnent plus sur l'Objet qui m'engage;
L'Infidele éteint son ardeur,
Dès qu'il sçait que je la partage;
Ah! J'ai fait tous mes maux en faisant son bonheur.
Dois-tu, *&c.*

SCENE II.

TIMÉE, ZÉLIDE.

ZÉLIDE.

TAndis que près d'ici la Grece raſſemblée,
Applaudit au Vainqueur des Jeux;
Tandis que tout comble vos vœux,
Vous fuyez les plaiſirs, vous paroiſſez troublée?...

TIMÉE.

Ah ! Que mon ſort eſt rigoureux!
Pour jouir d'un moment tranquile
J'errois ſeule dans ce ſéjour:
Je cherche envain la paix dans cet auguſte azile,
Hélas ! Les tendres cœurs trouvent par tout l'Amour.

ZÉLIDE.

Vous ſoupirez! Votre chagrin m'étonne:
De Sparte où les Vertus regnent avec les Rois,
Agis vous offre la Couronne;
Vous pouvez faire encore un plus illuſtre choix:
Le plus charmant Héros à vos fers s'abandonne,
Le cœur d'Alcibiade.....

TIMÉE.

Il n'eſt plus ſous mes loix.

Apprens

Apprens mon ſort ; conçois ma juſte jalouſie :
Mon amour, mes ſoupirs, mes ſoins ſont ſuperflus ;
Alcibiade aime Aſpaſie,
L'inconſtant ne changera plus.

ZÉLIDE.

Quoi, vous ne feriez plus aimée !
Je n'ai point apperçû ce fatal changement.

TIMÉE.

Il n'a pû tromper un moment
Les regards de Timée.

J'aime trop mon Amant, hélas !
Pour ignorer ſon inconſtance.

Le tendre Amour ne s'apperçoit-il pas
De tout ce qui détruit ſa plus chere eſperance ?

J'aime trop mon Amant, hélas !
Pour ignorer ſon inconſtance.

TIMÉE apperçoit de loin ALCIBIADE entre les Arbres.

Il vient. Quels doux tranſports paroiſſent l'agiter ?
Ecoûtons ſes diſcours ; ce lieu nous eſt propice.

ZÉLIDE.

Vous vous repentirez d'employer l'artifice.
Il dangereux d'écouter
Les ſecrets d'un cœur infidelle.

On peut y découvrir quelqu'offenſe nouvelle,
De ſon crime il vaut mieux douter :
Il eſt dangereux d'écoûter
Les ſecrets d'un cœur infidelle.

TIMÉE.

Viens. A l'Amour jaloux je ne puis réſiſter.

TIMÉE & ZÉLIDE vont ſe cacher derriere les Statües.

SCENE III.

ALCIBIADE, AMINTAS, TIMÉE, ZÉLIDE *cachées.*

AMINTAS.

DAns vos yeux ſatisfaits, on lit votre victoire :
Vous avez de nos Jeux remporté tout l'honneur.

ALCIBIADE.

Tu ne vois que ma gloire,
Apprens les plaiſirs de mon cœur,
La charmante Aſpaſie
Par les Grecs, vient d'être choiſie,

Pour me livrer le prix ordonné dans nos Jeux ;
Et ſon cœur en ſecret eſt ſenſible à mes feux.

Tous mes vœux ſont remplis : la Beauté qui m'enchante
Va me couroner dans ce jour :
La Couronne la plus brillante
S'embellit, en paſſant par les mains de l'Amour.

AMINTAS.

Quoi, vous êtes déja dans des chaînes nouvelles !
Aſpaſie eſt ſenſible à vos feux infidelles !

ALCIBIADE.

L'Amour nous a tous deux frappés des mêmes coups.

Sous les ombres du myſtere
Nous trompons les yeux jaloux :
Contens d'aimer & de plaire,
Nous cachons des feux ſi doux,
Sous les ombres du myſtere.

AMINTAS.

Je le vois : vous voulez éviter la colere
De l'objet que trahit votre legereté :
Se peut-il qu'un Héros, que la raiſon éclaire,
Suive toujours la nouveauté ?

ALCIBIADE.

Mon cœur fait pour l'indépendance,
Néglige la fidelité.
Et je trouve dans l'inconſtance,
L'image de la liberté.

AMINTAS.

Changer d'amour, c'eſt changer d'eſclavage;
L'inconſtant ne peut être heureux dans ſes déſirs:
Un cœur qui de ſes nœuds ſi ſouvent ſe dégage,
Prouve qu'ils ne ſont pas formés par les plaiſirs.

ALCIBIADE.

Notre cœur doit changer ſans ceſſe,
Pour n'avoir que d'heureux moments:
Les premiers jours de la tendreſſe,
En ſont toujours les plus charmants.

AMINTAS.

L'Amour vous punira d'une erreur qui l'offenſe.

ALCIBIADE.

En ſervant ſon pouvoir, craindrois-je ſa vengeance?
Plus d'une beauté chaque jour,
Par un volage eſt aſſervie:
Un fidele Amant dans ſa vie,
Ne ſoumet qu'un cœur à l'amour.

AMINTAS.

Peut-on ſi hautement ſe déclarer volage ?
Doit-on ſoupirer en tous lieux ?

ALCIBIADE.

De la Divinité, l'encens eſt le partage ;
Les ſoupirs ſont l'hommage
Qu'exigent de beaux yeux.
Gardons-nous de former des chaînes éternelles ;
On doit encenſer tous les Dieux ;
On doit aimer toutes les Belles.

AMINTAS.

Ainſi, vous trahiſſez la flâme & les appas
D'une fidelle Amante ?

ALCIBIADE.

En voyant l'objet qui m'enchante,
Quelle ardeur, quels attraits ne trahiroit-on pas ?

SCENE IV.

ALCIBIADE, TIMÉE.

TIMÉE.

AH! c'en est trop, perfide, arrête...
Est-ce donc là le sort que l'Elide m'apprête?
Je ressens à la fois l'amour & la fureur....
Eh quoi! n'ai-je plus d'esperance?
Cruel, rends-moi ton cœur,
Où mon indifférence.
Mais non, rien ne pourroit, hélas! me dégager;
Reviens, l'Amour constant près de moi te rappelle.
Tu ne rougis pas de changer?
Change encore une fois, pour devenir fidelle.

ALCIBIADE.

Ne me montrez que du couroux;
Je ne puis calmer vos allarmes:
Oubliez un volage, attendez de vos charmes
Un Amant plus digne de vous:
Je ne mérite plus vos soupirs ni vos larmes....

TIMÉE.

Les a-tu jamais mérités?
Ingrat, crains mes feux irrités.

Ma douleur te ſera fatale ;
Ma vengeance bientôt, éclairant ma Rivale,
L'inſtruira de quel prix eſt ton perfide cœur :
Je la verrai rougir de ſa victoire....

ALCIBIADE.

Une Amante croit peu ſa Rivale en fureur :
Dans un cœur enflâmé l'Amour ſeul ſe fait croire.

Calmez ce dépit éclatant,
Votre couroux m'eſt favorable :
Plus on ſe plaint d'un inconſtant,
Plus on le fait paroître aimable.

TIMÉE.

Cruel, c'en eſt donc fait ? ſans regret ; ſans remords,
Vous vous livrez à l'inconſtance ?
Ah ! du moins, ſuſpendez mes funeſtes tranſports ;
Déguiſez un moment l'excès de votre offenſe...
Alcibiade... hélas !... vous gardez le ſilence...
Vous fuyez mes regards...

Trompettes qui annoncent le Triomphe d'ALCIBIADE.

Mais on vient, juſtes Dieux !
C'eſt ici que l'on doit couronner ton adreſſe :
Dérobons ma honte à la Grece ;
Hâtons-nous d'éviter un ſpectacle odieux.

C'eſt trop long-tems pour un perfide
Refuſer les vœux d'un grand Roi :
Ingrat, je vole à Sparte en ſortant de l'Elide;
AGIS aura ma main, s'il me vange de toi.

SCENE V.

LE TRIOMPHE D'ALCIBIADE.

ALCIBIADE, AMINTAS,
ASPASIE.

GRÈCS Spectateurs des Jeux ; ATHLETES de la Lute, du Ceſte, de la Courſe, du Diſque, & du Saut.

CHŒUR.

VOus avez dans nos Jeux remporté la victoire.
Que ce triomphe eſt beau ! qu'il eſt digne de vous !
Les plus grands Dieux en ont été jaloux :
Leur gloire & leur exemple augmentent votre gloire.

ASPASIE

Aspasie, accompagnée d'une Troupe aimable de jeunes Greques qui la ſuivent en danſant, préſente à Alcibiade une Couronne d'Olivier; Prix conſacré aux Vainqueurs des Jeux Olympiques.

ASPASIE.

Aſpaſie en ce jour vient acquitter la gloire
De ce qu'elle doit au Vainqueur :
Triomphez, recevez l'honneur
Que vous accorde la Victoire.

ALCIBIADE.

Dans cet inſtant tout l'excès de ma gloire
N'eſt bien connu que de mon cœur :
Quand vous couronnez un Vainqueur,
Il vous doit plus qu'à la Victoire.

On danſe.

ASPASIE.

Amants, que le myſtere amene dans nos Fêtes,
Vous laiſſez l'éclat au Guerriers :
Plus l'amour cache ſes Conquêtes,
Plus il mérite de Lauriers.

On danſe.

AMINTAS.

Les Prix que la Gloire préſente,
N'attirent pas tous les cœurs dans ſa Cour :
Il en eſt que conduit une plus douce attente;
L'Univers doit ſouvent ſes Héros à l'Amour.

Vous favoris de Mars, qui ſuivez la Victoire,
Volez, triomphez ſur ſes pas.
Plus vous ſerez chers à la gloire,
Plus l'objet de vos feux vous trouvera d'appas.

On danſe.

ASPASIE.

Eclatez brillantes Trompettes,
Célébrez le Vainqueur: qu'il triomphe à jamais;
Faites retentir ces Retraites,
Des Concerts de Bellonne, & des Chants de la Paix.

CHŒUR.

Eclatez brillantes Trompettes,
Célébrez le Vainqueur: qu'il triomphe à jamais;
Faites retentir ces Retraites,
Des Concerts de Bellonne, & des Chants de la Paix.

FIN DE LA SECONDE ENTRÉE.

LES

SATURNALES,

TROISIÉME ENTRÉE,

DES FESTES

GRECQUES

ET

ROMAINES.

ACTEURS
CHANTANTS.

DÉLIE,	Mlle. Chevalier.
PLAUTINE,	Mlle. Dubois.
TIBULE,	M[r]. Jeliotte.
UNE BERGERE,	Mlle. Dubois.

PERSONNAGES DANSANS.
BERGERS & BERGERES.

M[r]. VESTRIS, Mlle. VESTRIS.

M[rs]. Hamoche, Caiez, Lelievre, Hyacinte.
Mlles. Courcelles, Dazenoncour, Desirée, Garnier.

PASTRES & PASTOURELLES.

M[r]. LANY, Mlle. RAY.

M[rs]. Gallini, Lepy, Mergerie.
Mlles. Coupée, Chevrier, Deschamps.

TROISIÉME ENTRÉE.

LES SATURNALES.

Le Théâtre représente les Jardins de la Maison de Campagne de MECENE, *ornés pour la Fête.*

SCENE PREMIERE.

DÉLIE, PLAUTINE.

PLAUTINE.

L'ESCLAVE qui toujours se présente à vos yeux ;
Quoi ! Le fidele Arcas est le tendre Tibule ?

DÉLIE.

Oui, le feu qui pour moi le brûle
Sous ce déguisement, l'attire dans ces lieux.

C'est un effet de sa délicatesse.
Avant de laisser voir l'excès de son ardeur,
Il vouloit pénétrer le secret de mon cœur:
Résolu d'immoler sa flâme à ma tendresse,
Si ses soins, d'un Rival, découvroient le bonheur.

PLAUTINE.

Aujourd'hui de Saturne on célébre la Fête;
De ces tems fortunés on sait les douces loix;
L'Esclave, égal au Maître, en posséde les droits.
Le Chagrin fuit, la colére s'arrête,
Le Tybre sur ses bords revoit la liberté;
Tibule en aura profité?

DÉLIE.

Il se croit inconnu: le transport qui l'enflâme
Conduit par le respect, se cache dans son ame.

PLAUTINE.

Que l'on perd de doux instans,
Lorsque l'on suit trop long-tems
Le respect toujours timide!
C'est un Guide
Qui n'enseigne pas aux Amours,
Les chemins les plus courts.
Mais, que craint votre Amant? On diroit qu'il ignore
De qui dépend la main de l'objet qu'il adore!

Qu'il s'explique à Mecene, il verra près de lui,
Apollon, à l'Amour, accorder ſon appui.

DÉLIE.

L'Amour ne veut devoir ſon bonheur qu'à lui-même.

PLAUTINE.

Eh! Comment ſavez-vous que Tibule vous aime?

DÉLIE.

Conduite par le ſort, dans un Bois écarté,
J'ai ſans être apperçue, éclairci ce myſtere:
Tibule, ſoupirant au bord d'une Onde claire,
N'y penſoit pas être écoûté;
J'ai ſû dans ces beaux lieux, le prix d'un cœur ſincere.

PLAUTINE.

Je ne m'étonne plus ſi votre empreſſement
Vous y ramene à tout moment.

DÉLIE.

Dans ces Jardins charmans, Flore enchaîne Zéphire.
Quel aimable ſéjour
Pour un cœur qui ſoupire!
Un Printems éternel y régne avec l'Amour.

Sous ces Arbres témoins de mon bonheur ſuprême,
A chaque inſtant, je puis trouver
Le plaiſir de voir ce que j'aime,
Ou du moins, celui d'y rêver.
Dans ces Jardins, &c.

DÉLIE appercevant TIBULE.

Mais Tibule paroît; éprouvons ſa conſtance
Par une feinte confidence.

SCENE II.

DÉLIE, PLAUTINE, TIBULE, déguiſé en Eſclave, ſous le nom D'ARCAS.

TIBULE, à part, ſans voir DÉLIE.

MEcene dans ce jour, près d'Auguſte arrêté,
Laiſſe ma flâme en liberté. . . .
Je vois Délie; allons... O Ciel! Que vais-je faire?

Loin de l'Objet qui m'a ſû plaire,
Mon cœur ſe croit toujours aſſez audacieux
Pour hazarder l'aveu de ma flâme ſincere:
Mais quand cette Beauté ſe préſente à mes yeux,
Le reſpect me force à me taire.
Amour, puiſſant Amour, ſers les Amants diſcrets.

DÉLIE.

DÉLIE, à PLAUTINE.

Je vais faire éclater ses sentimens secrets.

à TIBULE.

Venez Arcas, venez, j'ai remarqué le zele
Qui sur mes pas, vient toûjours vous offrir.

TIBULE.

Il n'en est pas de plus fidele.

DÉLIE.

Pour prix de votre foi, je veux vous découvrir
Ce qui se passe dans mon ame.

TIBULE.

à part.

Quel redoutable instant! que je crains pour ma flâme

DÉLIE.

Mon cœur dans un projet attend votre secours.

TIBULE.

Je sçaurai, s'il le faut, vous immoler mes jours.

DÉLIE.

Arcas, vous voulez trop payer ma confiance.

TIBULE.

Parlez... vous balancez... ah! c'est trop différer.

DÉLIE.

Eh bien, il faut me déclarer:
J'aime à voir votre impatience.

Je méprisois l'Amour, je fuyois ses plaisirs,
Et je bornois tous mes désirs
A la paisible indifférence.
En soûmettant mon cœur à sa douce puissance,
L'Amour croit s'être bien vengé :
Je l'aurois plûtôt outragé ;
Si j'avois prevû sa vengeance.

TIBULE.

à part.

Quel trouble affreux vient me saisir !

à DÉLIE.

Vousaimez donc ?... l'Amour aura sçû vous choisir
Un Amant, digne de vous plaire.

DÉLIE.

Le Dieu qui regne dans Cythere,
Est le plus éclairé des Dieux :
L'aimable choix qu'il m'a fait faire
Prouve bien qu'il n'a pas un bandeau sur les yeux.

Que pour moi dans ce jour votre zele s'empresse,
C'est à vous seul, Arcas, d'achever mon bonheur.
Vous connoissez l'objet de ma tendresse,
Nul ne peut mieux que vous, m'assurer de son cœur.

TIBULE.

Quelle cruelle confidence !

Ah ! ne l'achevez pas, ceſſez de m'accabler,
Ou mon funeſte amour va rompre le ſilence...

DÉLIE.

Arcas aime Délie, & l'oſe révéler !
Mais Saturne & la Fête excuſent votre offenſe;
Gardez-vous de la redoubler.

TIBULE.

Vous ignorez quel eſt l'Amant ſincere
A qui vous refuſez juſqu'à votre colere.
Quelque ſoit le deſtin de mes tendres ſoupirs,
Je veux brûler pour vous d'une flâme éternelle,
Je ſuſpens mes regrets, je contrains mes déſirs,
Hélas ! ſans être heureux, je ſçais être fidele.

DÉLIE.

Parlez-moi de l'Amant qui ſoumet ma fierté;
Ce diſcours cent fois répété,
Charmera mon amour extrême.
Lorſque d'un tendre cœur on veut être écouté,
Il ne faut lui parler que de l'objet qu'il aime.

TIBULE.

à part.

Je ne puis ſoutenir un ſi cruel tourment;
Fuyons.

DÉLIE.

Reſtez, Arcas ; c'eſt en vous que j'eſpere ;
Je ne pourrois ſans vous, voir ici mon Amant :
Mécene favorable à notre ardeur ſincere,
Veut nous unir bien-tôt par un hymen charmant...

TIBULE.

C'en eſt trop, le reſpect céde enfin à la rage :
Cruelle, terminez un aveu qui m'outrage *...
O Ciel ! vous inſultez à ma vive douleur ;
Mon déſeſpoir augmente, un nouveau feu me brûle.
Craignez que je n'immole à ma juſte fureur
Le trop heureux objet de votre tendre ardeur...

DÉLIE.

Pourrez-vous immoler Tibule ?

TIBULE.

L'ai-je bien entendu ! quel nom prononcez-vous ?

DÉLIE.

C'eſt le nom de l'objet de mes vœux les plus doux.

TIBULE.

Qu'entens-je ! O Ciel ! quel prix de ma perſeverance?
Non, jamais l'eſperance

* *DÉLIE le regarde d'un air riant.*

N'auroit osé le promettre à mon cœur...
Ah! deviez-vous si tard m'apprendre mon bonheur?

DÉLIE.

Nos feux sont approuvez : tout remplit notre attente.

TIBULE & DÉLIE.

Aimons-nous, aimons-nous, & qu'une ardeur constante
Enflâme à jamais nos desirs.

On entend un Prélude qui annonce la Fête des Saturnales.

TIBULE.

On vient, des temps heureux chanter la paix charmante,
Puisse-t-elle toûjours régner dans nos plaisirs!

SCENE III.

DÉLIE, TIBULE, PLAUTINE, BERGERS, BERGERES, ESCLAVES, *PANTOMIMES sous les habits de leurs Maîtres.*

La Ferme s'ouvre ; les Jardins de MÉCENE paroissent illuminés. On apperçoit au fond un demi ovale d'Arcades de verdure, surmontées d'une Balustrade de fleurs, ornée de girandoles & de vases ; tous les Ifs sont taillez en gueridons, & chargez de lumieres.

CHŒUR.

CHantons, chantons cent & cent fois ;
Echos, répondez-nous : répondez à nos voix.
Chantons dans ces belles retraites :
Saturne, entends-nous dans les Cieux.
Que les Haut-bois, que les Musettes
Célébrent le modele & des Rois & des Dieux.

On danse.

UNE BERGERE avec le CHŒUR.

De nos boccages
Fuyez les ombrages,
Vous qui ne connoissez que l'éclat de la cour.
De nos boccages
Fuyez les ombrages,

Nous n'offrons dans nos bois de l'encens qu'à l'Amour.

La douce paix
Régne à jamais.
Dans ces belles retraites,
Nos voix & nos musettes,
Chantent ses attraits;
Nos amourettes,
Ressentent ses bienfaits.
De nos boccages, &c.
Point de tourments,
Jamais d'envie,
Point de jalousie,
Dans ces lieux charmants.
O l'heureuse vie!
Ménageons-en tous les moments.
De nos Boccages, &c. *On danse.*

UNE BERGERE.

L'Ombre & le silence
Sont fait pour l'Amour,
Et ce Dieu s'offence
De l'éclat du jour.
La nuit favorable
Aux tendres desirs,
Sous un voile aimable,
Couvre les plaisirs. *On danse.*

UNE BERGERE.

O temps heureux, où la terre & l'onde
Dans une paix profonde
Se trouvoient toûjours!
Dans nos champs, les amours
S'expliquoient ſans détours:
Leur loi ſuprême
Regloit tous nos pas.
O Temps heureux, lorqu'on ne diſoit point, j'aime,
Quand on n'aimoit pas.

On danſe.

CHŒUR.

Chantons, chantons cent & cent fois;
Echos, répondez-nous: répondez à nos voix.
Chantons dans ces belles retraites:
Saturne entends-nous dans les cieux.
Que les haut-bois, que les muſettes
Célébrent le modele & des rois & des dieux.

FIN.

APPROBATION.

J'Ai lû par ordre de Monſeigneur le Chancelier une réimpreſſion *des Fêtes Grecques & Romaines*, *Ballet avec un Prologue*, A Verſailles, ce premier May 1753.

DEMONCRIF.

www.ingramcontent.com/pod-product-compliance
Lightning Source LLC
LaVergne TN
LVHW011959160826
845678LV00002B/626

9782329668284